VENTE

*Des 15, 16 et 17 Mars 1909*

HOTEL DROUOT, SALLE Nº 2

A DEUX HEURES

EXPOSITION PUBLIQUE

**Le Dimanche 14 Mars 1909**

*De 1 h. 1/2 à 5 h. 1/2*

# Faïences et Porcelaines

## MEUBLES ET SIÈGES

### ANCIENS ET MODERNES

## OBJETS VARIÉS, TABLEAUX

### ANTIQUITÉS

*Le tout dépendant de la Succession de M^{me} L...*

EXEMPLAIRE DE H. STETTINER

COMMISSAIRE-PRISEUR

**Mᵉ ANDRÉ DESVOUGES**

26, rue Grange-Batelière

EXPERTS

**MM. PAULME & B. LASQUIN Fils**

10, rue Chauchat | 12, rue Laffitte

# CATALOGUE

### DES

# FAIENCES & PORCELAINES

### DE ROUEN, DELFT, CHINE, JAPON, ETC., ETC.

## TABLEAUX

# MEUBLES ET SIÈGES

### Anciens et Modernes

### PETIT SECRÉTAIRE EN MARQUETERIE DE BOIS DE PLACAGE, ÉPOQUE LOUIS XV

### BUREAUX MAZARIN, XVII' SIÈCLE

## BRONZES — PENDULES

## OBJETS VARIÉS

### BOITES, MINIATURES, etc.

### *Antiquités*

## *Le tout dépendant de la Succession de M<sup>me</sup> L...*

### DONT LA VENTE AUX ENCHÈRES PUBLIQUES AURA LIEU

# HOTEL DROUOT, SALLE N° 2

## Les Lundi 15, Mardi 16 et Mercredi 17 Mars 1909

### *à deux heures*

---

Par le ministère de M<sup>e</sup> **André DESVOUGES**, Commissaire-Priseur

*Successeur de M. Maurice DELESTRE*

26, rue Grange-Batelière

### ASSISTÉ

*Pour les meubles et objets d'art :*

### De **MM. PAULME & B. LASQUIN fils**, Experts

10, rue Chauchat — 12, rue Laffitte

### PARIS

*Chez lesquels se distribue le présent Catalogue*

---

## EXPOSITION PUBLIQUE

### Le Dimanche 14 Mars 1909, Salle n° 2, de 1 h. 1/2 à 5 h. 1/2

# CONDITIONS DE LA VENTE

Elle aura lieu au comptant.

Les adjudicataires paieront *dix pour cent* en sus des prix d'adjudication.

L'exposition mettant le public à même de se rendre compte de l'état et de la nature des objets, il ne sera admis aucune réclamation, une fois l'adjudication prononcée.

Paris. — Imp. de l'Art, Cʜ Bᴇʀɢᴇʀ, 41, rue de la Victoire.

# DÉSIGNATION

---

## FAIENCES, PORCELAINES
### ROUEN, DELFT, CHINE, JAPON

1 — Porcelaines diverses.

2 — Sous ce numéro, quantité de porcelaines chinoises et japonaises.

3 — Trois tasses et cinq soucoupes, à feuillages et fleurs en relief et émaux de couleurs, en ancienne porcelaine de Chine.

4 — Petit pot couvert en ancienne porcelaine de Chine, décor à fleurs et lambrequins, en émaux de couleurs.

5 — Quatre cafetières ou théières en ancienne porcelaine de Chine, montures en argent.

6 — Cafetière en porcelaine de l'Inde, aux armes de France.

*126*

7 — Boîte à thé et son couvercle en ancienne porcelaine de la Compagnie des Indes, à réserves de fleurs, fond de carrelages en dorure.

8 — Bouteille à col en porcelaine de l'Inde.

9 — Petit pot à lait couvert en ancienne porcelaine de Chine, décor à fleurs et oiseaux en émaux de couleurs.

10 — Sucrier couvert en ancienne porcelaine de la Compagnie des Indes.

11 — Deux flacons à thé et potiche en ancienne porcelaine de la Compagnie des Indes. Monture en argent.

12 — Potiche et cornet en ancienne porcelaine de la Compagnie des Indes, décor en émaux de couleurs.

13 — Cinq plats ou plateaux en ancienne porcelaine de la Compagnie des Indes, à fleurs en couleurs.

14 — Petite théière en ancienne porcelaine de Chine, décor en émaux de couleurs : fleurs et perdrix.

*6.000*

15 — Paire de potiches couvertes et une paire de cornets en porcelaine bleue fouettée, réserves à personnages et fleurs en émaux de couleurs.

16 — Cinq tasses et trois soucoupes en ancienne porcelaine de Chine.

17 — Bol et deux compotiers, décor en émaux de couleurs, en porcelaine de Chine.

18 — Deux vases porte-bouquets en porcelaine de Chine, décor bleu.

19 — Deux lanternes en porcelaine chinoise.

20 — Trois potiches couvertes en ancienne porcelaine du Japon, décor en bleu, rouge et or.

21 — Paire de vases-cornets en porcelaine du Japon.

22 — Faïences diverses.

23 — Porte-huilier en ancienne faïence de Rouen, décor à lambrequins en couleurs, transformé en encrier.

24 — Paire de bouteilles avec renflement au col en ancienne faïence de Delft, décor bleu.

25 — Petit pot de pharmacie en ancienne faïence italienne.

26 — Broc en grès allemand. Fin du XVIᵉ siècle.

# OBJETS VARIÉS

## BOITES, MINIATURES, BRONZES

### PENDULES

27 — Sous ce numéro : Tableaux anciens et modernes.

28 — Cadre en bois sculpté (redoré). Époque Louis XV.

29 — Pendule en marqueterie de cuivre et écaille. Le cadran porte le nom de *Le Roy*, *à Paris*. Époque Louis XIV.

30 — Pendule-cartel et son socle-support cul-de-lampe en marqueterie de cuivre et d'écaille, ornements en bronze doré : chutes, cariatides, mascarons. Époque Louis XV.

31 — Trois coffrets en bois sculpté. Travail de BAGARD DE NANCY.

32 — Grand brasero en cuivre.

33 — Nombreux bijoux en or et argent, ornés de pierres.

34 — Objets de vitrines : boîtes, montres, étuis, etc.

35 — Trois écuelles et un plateau en étain.

36 — Deux glaces, avec bras de lumières en bois sculpté. Époque Louis XV.

37 — Lot de socles en bois de fer et autres, de travail chinois.

38 — Environ vingt flambeaux en bronze chinois ou japonais.

39 — Lot de coffrets en laque de Chine et du Japon.

# MEUBLES, SIÈGES
## ANCIENS ET MODERNES

40 — Meuble-crédence en bois sculpté, ouvrant à deux portes et deux tiroirs, la partie inférieure à colonnes et arcatures, ornements cuirs découpés et arabesques, médaillons. xvie siècle.

41 — Meuble à deux corps en bois sculpté, avec incrustations d'os et nacre, il ouvre à quatre portes et tiroirs, offrant des médaillons avec figures symbolisant les quatre saisons et couronné d'un fronton à aigle et chimères ailées. xvie siècle.

42 — Table en bois tourné. Époque Louis XIII.

43 — Table en bois sculpté. Style Louis XIII.

44 — Table en bois sculpté, à tête de béliers et colonnes torses. Style Louis XIII.

45 — Bureau Mazarin en marqueterie de bois et étain. Époque Louis XIV.

46 — Bureau analogue au précédent en marqueterie de cuivre et écaille. Époque Louis XIV.

47 — Bureau en bois de placage. Époque Louis XIV.

48 — Armoire-bibliothèque en marqueterie de bois et d'étain. Époque Louis XIV.

49 — Table-support de meuble-cabinet en marqueterie de cuivre et écaille. Style Louis XIV.

50 — Petit secrétaire droit en bois de placage et marqueterie de bois debout, à fleurs. Ouvrant à abattant et deux portes. Dessus de marbre. Époque Louis XV.

51 — Table rognon en bois de placage. Style Louis XV.

52 — Vitrine en bois de placage. Style Louis XV.

53 — Paire d'encoignures en bois de placage et panneaux en laque noire. Époque Louis XV.

54 — Horloge en bois sculpté. Époque Louis XV.

55 — Buffet à deux corps en bois sculpté, la partie supérieure vitrée. Époque Louis XVI.

56 — Commode en bois de placage. Époque Louis XVI.

*250*    57 — Vitrine à deux portes en bois noir et incrustations d'ivoire.

*210*    58 — Meuble formant : bureau dos d'âne, armoire et commode, en bois de placage.

59 — Petite table en acajou, deux tablettes cannées. Dessus de marbre.

*1.550*    60 — Paravent à six feuilles en bois sculpté, feuilles en soie brochée.

61 — Mobilier courant.

*1.065*    62 — Quatre fauteuils en bois sculpté. Époque de style Louis XIII.

63 — Deux chaises à haut dossier en bois noir, incrustations d'ivoire. Style Louis XIII.

64 — Fauteuil en bois sculpté, canné. Époque Louis XV.

65 — Deux fauteuils en bois sculpté, canné. Style Louis XV.

66 — Grand fauteuil hollandais en bois sculpté. Époque Louis XV.

67 — Canapé en bois sculpté, canné. Style Louis XV.

68 — Deux chaises en bois sculpté. Époque Louis XVI.

69 — Chaise paillée en bois sculpté, à dossier lyre. Époque Louis XVI.

70 — Fauteuil canné en bois sculpté, dossier médaillon. Époque Louis XVI.

71 — Six chaises de salle à manger en bois sculpté. Style Louis XIII.

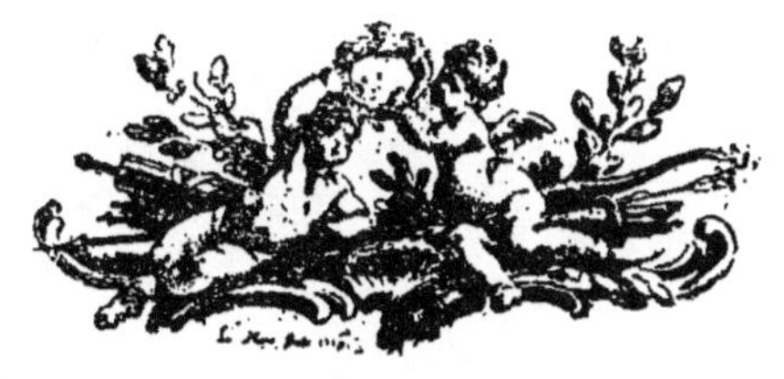

www.ingramcontent.com/pod-product-compliance
Lightning Source LLC
LaVergne TN
LVHW010852180726
843502LV00010B/3846